David Boventer

Gedichte

Die feine Linie

Bibliografische Information der Deutschen Nationalbibliothek:
Die Deutsche Nationalbibliothek verzeichnet diese Publikation in der Deutschen Nationalbibliografie; detaillierte bibliografische Daten sind im Internet über http://dnb.dnb.de abrufbar.

© 2015 David Boventer
Illustrationen: Otto Scholtes

Herstellung und Verlag: BoD – Books on Demand, Norderstedt

ISBN: 9783738622089

Inhaltsverzeichnis

David Martin Boventer wurde im November 1963 im schönen Freiburg am Breisgau in einem deutsch-amerikanischen Bildungsbürgerhaus geboren.

Naturwissenschaft, Politik und Philosophie, ein intensives Spannungsfeld von Internationalität, Diskussionsfreudigkeit und Lust an der Kunst bestimmten seinen Lebensweg. Schon früh schrieb er Kurztexte, von Prosa bis Lyrik. Dabei waren prägend Thomas Mann auf der einen und die frühen Nachkriegslyriker wie Celan und Ingeborg Bachmann auf der anderen Seite. Musik spielt für David Boventer eine große Rolle.

„Sprache ist wie Mathematik, weil Buchstaben die Chiffren der Abstraktion sind; in der Musik ersetzen die Töne, in der Malerei die Farben die Intonation der Realität und zeigen jenen Schwebezustand des Seins an, der uns Menschen ausmacht."

David Boventer hat eine Ausbildung als Germanist, als Kaufmann, als Politologe, als Software- und IT-Spezialist. Er arbeitet nachdem er 10 Jahre in einer rheinischen Mittelstadt bei Köln Ortsvorsteher von etwa 17.000 Einwohnern war (und dort in einem neuen Viertel Straßen nach seinen Lieblingsdichtern benennen durfte) wieder schwerpunktmäßig als freier Unternehmer.

Seinen Gedichtsband „Die feine Linie" gestaltete er mit Werken des bekannten und mehrfach ausgezeichneten Künstlers Otto Scholtes.

Granit

Der Raum hat keine Grenzen
aber der Mensch braucht den Käfig

Über den Horizont der Zeit hinaus
ruft die Vergangenheit die Zukunft herbei

Gedanken formen den glühenden Lavaspieß
und vorwärts wirft ER uns

In die Glaskugel
voller irrlichtender Reflexe

Am Tag des Werdens rufe ich Schwäche aus
und die Stärke formt den Granit

der mich formt

Metronom

Der Takt
braucht den Atem
und der Atem
einen leeren Raum
voller Winterhauch
und Dauerhaftigkeit

Der Blick
lebt aus dem Mut zu sehen
kein Bild erlischt
wenn das Auge
mit der Dunkelheit spricht

Das Wort hat seine Wurzeln
in der Zeitlosigkeit
mit Nachdruck in die Welt gesetzt
schreien es auch die Steine

Kausalität

Die Kausalität
ist ein dunkler Tunnel
greife ich in das Schlangennest
der Bestimmung
vibriert meine heutige Erde
und ruckhaft drehen sich
die Planeten in neuer Konstellation
bevor aber das Gift mir den Atem raubt
löscht die Kausalität
alle Erinnerung

Die Saat der Seele

Gleich einer geheimnisvollen Demut
berge ich mein Haupt und atemlos
staunend im Moment der Vergänglichkeit
in den schöpferischen Händen

Gleich einem Blumenkelch
zitternd in einer unendlichen Sekunde
plötzlich Leben und Fruchtbarkeit
im göttlichen Auge

Gleich einer Wolke aus Eis-Kristallen
tänzelt meine Seele in klarer Luft
in der Langsamkeit und vor allen Realitäten
im Schoße der Geborgenheit

otto sch

Imago

In den Kolonnen
wachsen die Reihen
es tanzen die Gesichtslosen
von der Sprache ohne Worte
geht ein Puls des neuen Lebens aus

Unter den Hammerschlägen
am Schicksalstag unter Fledermäusen
auf dem schmalen Steg am Abgrund
mit Bewußtsein allein
formt sich die Glaswelt aus Purpur

Unter den Reitern der Zukunft
am Rand des Wasserbogens
kann nur Sanftheit und Rubinauge
im Prisma den Augenblick fangen
und in Zeitlupe ein Luftschloß bauen

Horizont

ein weisses feld
blanke Leere
und mittendrin
eine explosion der farbe
unverständig bleibt der
fall der würfel

und dann im strudel
wenn das ertrinken sicher scheint
füllt schwärze deinen zweifel aus
und stotternd springt das bild
vorwärts in die neue welt

die mauer ist wo keiner
sie vermutet und wenn du
dem takt deines herzens folgst
wird das weisse feld zum
unendlichen Horizont

Festung

Im Ruderschlag des Lebens
rufe ich den Takt aus

Auf der Ebene der Zeit
regiert der Sturm des Willens

Angst kennt meinen Namen
und ich tauche ein

In den Strom des Zufalls
bis ich die Kälte

willkommen heiße
und in der Langsamkeit

meines Atems
die Festung der Welt dort

glänzend auf dem Berg
über den Klippen schimmert

Die feine Linie

Es ist die feine Linie
zwischen dem Traum
und seinem Schatten in uns
die uns lebendig hält

Es ist der Hauch
seines hallenden Atems
der wie heilender Nebel
uns durchdringt

Über dem Wirbel
der unsere Gedanken zusammenfügt
und mit der Trommel unseres Herzens
überwinden wir unsere Angst
vor dem Tod